塩だけスープ

手間も、材料も必要最小限。
なのに驚くほどおいしい！

西岡麻央

はじめに

疲れ切っていて、食べたいものが思い浮かばない時、
とりあえず作ってみてほしいのが、塩だけで味を調えた「塩だけスープ」。

塩だけでおいしいスープに仕上がるの？

と疑ってしまいますが、食材のうまみを存分に引き出してくれる塩には、
想像以上のポテンシャルがあるのです。

私たちの体の約60％は水分、そしてそこには塩分が含まれています。
だから〝塩〟は体が最もすんなり受け入れることができる調味料。
塩むすびを食べたら、驚くほどおいしく感じた経験はありませんか？
とくに疲れて体が悲鳴をあげている時、
シンプルな塩の味つけはそれだけでごちそうになります。

だしも、あれこれ調味料も必要なし

この本を通して、もう一つお伝えしたいことがあります。
それは、「調味料はあれこれ使わなくても大丈夫」だということ。

私たちには、スープにはブイヨンやコンソメを使うのがあたりまえの日常があります。
また近年は「○○の素」を代表するように、
個別の料理に対応した調味料のバリエーションも増えてきました。
でも、そんな調味料を買ってはみたものの、最後まで使い切れずに余らせてしまった
という話もよく聞きます。

本来、食材にはそれ自体のうまみがあります。私たちが想像する以上に！
それを引き出してくれるのが塩であったり、
炒めてコクを引き出してから煮込むような調理法の工夫であったりします。
あれこれ調味料を使わなくても、驚くほどおいしいスープは作れるのです。

調味料は本来「味つけ」をするものではなく、少し「味を調えるもの」。
味をつけようとすると、使う調味料がどんどん増えていき、複雑になり、

気がつけば素材の味わいよりも「調味料の味」が前に出てしまったりします。
それでいつも同じ味になったり、味つけが濃くなったりもします。
濃い味はたしかにパンチがあっておいしいのですが、それゆえ味に飽きたり、
食べ疲れしてしまうことがあるのです。

目指したのは後味がおいしいスープ

この本で紹介したスープは、どれも後味がおいしいスープです。
スプーンを口に運んだ瞬間は、ほんの少し淡くてやさしい味わい。
２口、３口と飲み進めていくとじわじわとうまみが感じられます。
具材が溶け出し、変化していく味わいも楽しむことができます。
スープ皿が空っぽになった時、心地よい満足感を得られるはずです。

後味がおいしいスープには、飽きることなく〝また飲みたい〟と
思わせる魅力があります。
決してガツンとやってくるうまみとは違う、
だからこそ、体もすんなり受け入れやすい食べ心地のよいスープを
ぜひ味わってみてください。

塩だけスープについて もっと知りたい！

Q1

塩だけでなぜおいしいの？

A 塩がうまみを引き出すほか、調理法にも秘密があります

塩には食材の甘みやうまみなど、素材のよさを引き立ててくれる作用があります。スイカやトマト、あんこに少し塩をふることで、それらの素材の甘みが引き立つことを例にあげるとイメージがしやすいでしょうか。また、酸味のあるものに塩を加えればまろやかになり、苦みのあるものに塩を加えれば苦みが抑えられるような効果もあります。食材にはそれ自体のうまみがあるのは確かですが、塩を効かせてこそ引き出すことができるのです。本書ではそれを可能にする方法で調理しています。

さらに、こんな工夫をしています。

・うまみ食材を取り入れる

たとえばトマトやきのこ、ベーコンや梅干しなどはうまみ食材の代表格。一つ入れるだけでグッと味わいに深みが出ます。このような食材を上手に活用します。

・煮込む前に焼いてコクを出すことも

たとえば、あえて焦げ目をつけることで食材に「香ばしさ」といううまみを加えることも。調理法にも秘密があります。

・風味豊かなオイルは良質な調味料

上質なオイルは調味料の代わりになります。もし一点豪華主義でこだわるなら断然オリーブオイル。使い勝手もよく、独特の風味があるので、奥深い味に仕上がります。

Q2

だしを使わない分、塩を多めに使う？

A 塩の量は必要最小限に抑えています

1日あたりの食塩摂取量の目標は男性が7・5g未満、女性が6・5g未満と言われています。[※1] 本書のレシピ1食分の塩分量は1・6〜2・5g程度。[※2] 1食分のスープを飲み干しても安心できる塩分量に抑えています。

Q3

全部「塩味」にならないの？

A 使う食材によってすべて違う味わいです

すべてがただの「塩味」になってしまうような気がしますが、不思議なことに、使う野菜によってスープの味がそれぞれ違うのです。

かぼちゃが溶け出したスープは甘みをしっかりと、きのこやトマトが溶け出したスープはうまみ存分に。同じ塩だけスープでも、それぞれが別の表情を持った味わいです。

さらに本の後半では、塩味をベースにしょうゆやみそといった基本調味料を少量加え、風味やコクを味わうスープも紹介しました。

とはいえあくまでも味つけのベースは塩。その中で、しょうゆやみりん、砂糖、みそなど基本の調味料を少し加えることで広がる、味わいの幅も体験してみてください。

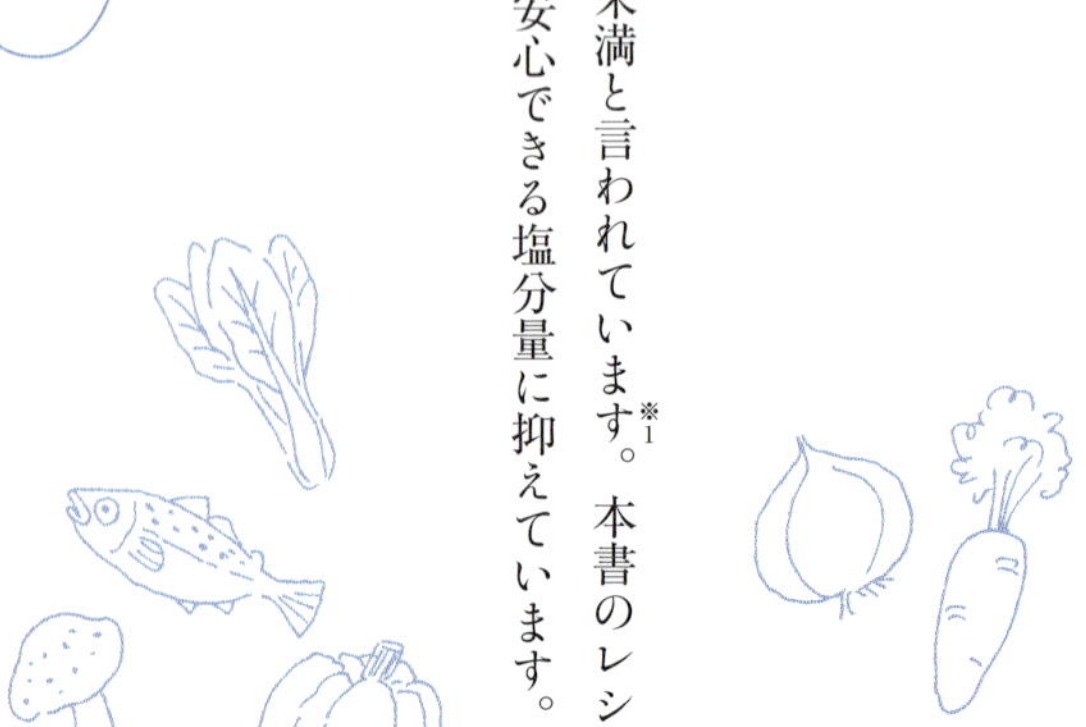

※1 厚生労働省の指針による。　※2 他の調味料に含まれる塩分量があるので、誤差はあります。

Q3

どんな塩を使えばいいの？

A 天然塩がおすすめ。スーパーで買えます！

天然塩とは、海水を煮詰めて乾燥させたもの。ミネラルをしっかりと含んでいるので、塩自体にうまみや甘み、ほんのり苦みなどが感じられます。

さまざまなメーカーの天然塩がありますが、自分がおいしいと思えるものであればよし。国内産でも外国産でもOKです。「塩化ナトリウム」と表示されたものは精製塩なのでできるだけ避けましょう。

▪塩のポテンシャルはすごい！

減塩ブームの昨今ですが、やはり味つけの基本は「塩」。塩分を気にして量を控えめにしがちですが、それだと料理の味がぼやけ、かえって満足感を得にくいことが多いです。

もし塩分調整をするなら、サラダをオイルと酢で食べるなど、献立全体で調整することをおすすめします。

天然塩には人間が生きていく上で必要なミネラルがバランスよく含まれています。

近年、何となく体がだるい、気分が優れないといった体調不良がじつはミネラル不足が一因であることもわかってきています。

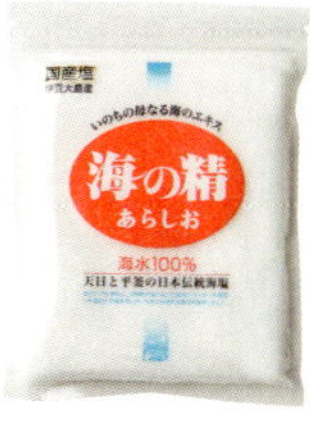

私のお気に入りは「海の精 あらしお（赤ラベル）」。粒子が小さく、食材とのなじみがよいのです。

CONTENTS

PART 4

アレンジ編②

+みそでコクを楽しむ ほぼ塩だけスープ

SPECIAL

特別編

自分を甘やかす スイーツスープ

撮影／土居麻紀子
スタイリング／本郷由紀子
デザイン／石松あや（しまりすデザインセンター）
イラスト／カラシソエル
校正／文字工房燦光
ＤＴＰ／佐藤史子
企画・編集／仁岸志保

この本の決まりごと

・材料と作り方は基本**2人分**です（2人分にしてはたっぷりできるものもありますが、それらは翌日の朝食でも食べられるイメージにしています）。

・**大さじ1＝15㎖、小さじ1＝5㎖、1カップ＝200㎖**（いずれもすりきりではかる）です。

・特に種類を指定していない調味料は、以下を使っています。

しょうゆ▼濃口しょうゆ
砂糖▼きび砂糖
みそ▼米みそ
バター▼有塩バター
酒▼料理酒
酢▼穀物酢

以上の調味料はメーカーによって塩分量が違うので、味が濃いなと感じる場合は、**味つけの塩を少なめにする**などの調整をしてください。

・材料の**g数は目安**です。多少前後しても大丈夫です。

・野菜類やきのこは、特に記載がない場合、洗う、種や皮を取り除くなどの作業をすませてからの手順です。卵を割るなどの下処理は、記述を省略している場合があります。

・特に記載のない場合、火加減は**中火**です。

・調理時間の分数は目安です。指定通りに加熱しても食材に火が通っていない場合は、様子を見ながら加熱してください。

・電子レンジのワット数は、特に表記がない場合**600W**を基準にしています。ただし、メーカーや機種によって違いがあるので、加熱時間は様子を見ながら加減してください。また、加熱する際は、付属の説明書に従って、電子レンジ対応の容器やボウルを使用してください。

・オーブントースターは機種によって設定できるワット数が異なる場合があるので、掲載のワット数、時間を参考に焼き具合を見ながら加減してください。

LE CREUSET

PART 1

味つけは塩だけ！
究極のミニマルスープ

使うのは数種類の食材と塩だけ。材料も手間も最小限なのに、最大限においしく作れるのが塩だけスープの魅力です。そのシンプルなおいしさをぜひ味わってみてください。

余裕がない時でもこれさえあれば！

基本の塩だけスープ

最もシンプルな塩だけスープは、材料を切って、煮るだけ。
数あるレシピの中でも私が自信を持っておすすめするのが
「豚肉と3種の野菜のスープ」です。
スープによっては一度食材を焼いたり、炒めたり、
または蒸したりしてから、水を加えて煮るものもあります。
食材の組み合わせにもよりますが、こうすることで、
焼いた時の香ばしさがスープに溶け込んだり、
蒸すことで甘みが存分に引き出されたりするためです。
味つけがとてもシンプルだからこそ、食材のポテンシャルを
最大限に生かす調理法を取り入れています。

「塩だけ」の魅力を味わうならこれ！
スープにしみ出したかぼちゃの甘みに癒されます

豚肉と3種の野菜の塩だけスープ

材料を切って鍋に入れた段階で完成したも同然では!?
というくらいシンプルなレシピ。疲れた日にも作りたくなる
私の一生モノのスープです。かぼちゃ、トマト、しいたけ、豚バラは
どれもうまみがたっぷりの食材なので、余計な味つけがいりません。

豚肉と3種の野菜の塩だけスープ

材料

豚バラ肉(薄切り)…180g → **食べやすい大きさに切る**
かぼちゃ…1/8個(150g)
　→ **種とワタを取り、5mm幅の薄切り**
しいたけ…4個
　→ **笠は薄切りに、軸は石づきを切り落として手でさく**
トマト(中)…2個 → **2cmの角切り**
塩…小さじ1
水…600mℓ

レシピによって
やや作り方は変わりますが…

基本の作り方

1

レシピどおりに材料を切り、鍋にかぼちゃ、しいたけ、トマトを入れる。

〔**Point**〕肉以外の野菜を入れていきます。重ね煮とは違いたっぷり水を入れて煮るので、野菜を入れる順番はあまり気にしなくて大丈夫です。

2

1の上に豚バラ肉を広げながら、のせる。できるだけ重ならないように。

〔**Point**〕豚肉はなるべく重ならないように、広げながらのせていきます。こうすることで火が通った時にふんわり柔らかく仕上がります

3

水、**塩**を加え、ふたをして中火にかける。

〔**Point**〕塩をふった豚肉のうまみが肉の下に入れた野菜にしっかりと流れて、スープ全体にしっかりとおいしさが行き渡ります。

4

煮立ったら弱火にして10分煮込む。

〔**Point**〕アクはうまみの一部という考え方もありますが、できれば取ったほうが雑味のない味わいに。とはいえ神経質になる必要はありません。しっかり煮立たせてアクが真ん中に集まってきたら取り除きましょう。

火を止めて、豚肉を
ほぐすようにしながら混ぜて、
器に盛れば完成!

塩ミネストローネ

トマトジュースで手軽に作れて、豆や根菜類がたっぷり！
ベーコンのうまみがスープに溶け出した、深みのある味わい

材料

にんじん…1/2本(80g) → 1cmの角切り
じゃがいも…1個(160g) → 1cmの角切り
玉ねぎ…1/4個(50g) → 1cmの角切り
にんにく…1かけ→ みじん切り
ブロックベーコン…50g→ 拍子木切り
豆(ミックスビーンズ) …100g
塩…小さじ2/3
水…300mℓ
トマトジュース…200mℓ
オリーブオイル…大さじ1

作り方

1 鍋にオリーブオイルをひき、にんじん、じゃがいも、玉ねぎ、にんにく、ベーコンを入れて、玉ねぎが透き通るまで3分ほど炒める。

2 水、トマトジュース、塩、豆を加え、ふたをして中火にかける。煮立ったら弱火にしてさらに10分煮込み、器に盛る。

貝柱と小松菜の卵スープ

缶詰の貝柱はうまみの宝庫。しょうがを効かせ、溶き卵でふんわり仕上げた胃にやさしいスープです

材料

小松菜…2株(100g) → 4cm長さに切る
しょうが…1かけ → 千切り
卵…1個
塩…小さじ1/3
A　貝柱の缶詰(ほぐし身)…1缶(70g)
　　水…450mℓ
ごま油…小さじ2

作り方

1 鍋にごま油をひき、しょうがを入れて炒め、香りが立ったら小松菜を加えてさらに1分30秒炒める。

2 塩とAを加えて煮立ったら卵を溶いて少しずつ加え、卵に火が卵に通ったら器に盛る。

春野菜をふんだんに使った〝緑の一皿〟

グリーンスープ

材料

アスパラガス…2本
→ **根元の固い部分を手で折り、7mm幅の輪切り（写真ⓐ）**

菜の花…8本（40g）
→ **2cm幅に切る**

スナップえんどう…6枚（40〜50g）
→ **ヘタと筋を取り、さやを開いて半分にしたら長さを2等分に切る（写真ⓑ）**

ひよこ豆（水煮）…50g
塩…小さじ1/3
水…400mℓ
オリーブオイル…小さじ2

作り方

1 鍋にオリーブオイルをひき、アスパラガス（根元の部分も）、菜の花、スナップえんどうを入れ、弱めの中火で1分30秒炒める。

2 水、ひよこ豆を加えて中火にかけ、煮立ったら塩を加えて弱めの中火で3分煮る。アスパラガスの根元を取りのぞいてスープと具材を器に盛り、オリーブオイル（分量外）をまわしかける。

固い根元は折って出汁として一緒に煮込みます。うまみを余すところなく。

食感が悪くなるので、スナップえんどうのヘタと筋は取ったほうがベター。

さまざまな野菜の滋味が口いっぱいに広がり、
「これが塩だけ？」と驚くはず。オリーブオイル
のコクとひよこ豆のほのかな甘みがアクセント。
今回は春野菜で作りましたが、新キャベツや
薄く切った新じゃがなど、お好みの葉野菜でも
アレンジしてみてください。

煮込まれた野菜の「くたくた感」がたまらない！
とくにブロッコリーは甘みが増し、このスープでこそのおいしさが楽しめます。ブロッコリーは茎を加えてもOK。その場合は固い皮をむき、5～7mm大に粗く刻みましょう。

ホロホロとろけるブロッコリーがやみつきのおいしさ！

ブロッコリーとじゃがいもの豆乳スープ

材料

ブロッコリー…1/2個（150g）
　→ **つぼみと茎はどちらも粗く刻む**（**写真ⓐ**）

じゃがいも（男爵使用）…1個（160g）_★
　→ **小さめの一口大に切る**

大豆（水煮）…50g

にんにく…1/2かけ → **すりおろす**

塩…小さじ1/2

水…150㎖

豆乳（無調整）…300㎖

オリーブオイル…大さじ1

作り方

1 鍋にオリーブオイルをひき、ブロッコリー、じゃがいも、にんにくを入れて3分炒める。

2 水を加えてふたをして、弱火で8分煮る。

3 **塩**、豆乳、大豆を加え、煮立つ直前で火を止めて器に盛る。

★
男爵は加熱するとホクホクして煮崩れするのが特徴。このレシピでは食材をあえてぐずぐずに煮てスープにとろみを出したほうがおいしいので男爵を使います。

ⓐ

穂先の粒感が残るように。最終的には煮込むので、粗くざっくりでOK。

ねぎの青い部分、捨てていませんか？

ねぎの青い部分やセロリの葉には、肉の臭み取りや風味をアップする効果があります。塩だけスープではこういった食材もムダにせず、風味づけや出汁としてフル活用していきます。

トロトロになったねぎの甘さがたまらない！
鶏肉のうまみを含んだ野菜がおいしすぎる一品

ねぎとじゃがいもの 手羽先スープ

材料

鶏手羽先…6本
→ 手羽中と手羽先の先端に分ける（写真ⓐ）
じゃがいも（メークイン使用）…1個（160g）_★
→ 5mm幅の半月切り
長ねぎ（青い部分も含む）…1本
→ 4cm長さに切り、さらに縦半分に切る
にんにく…1かけ →薄切り
塩…小さじ2/3
水…500mℓ
オリーブオイル…大さじ1
粗びき黒こしょう…適量

★食べごたえを重視して、煮崩れしにくいメークインを使います。

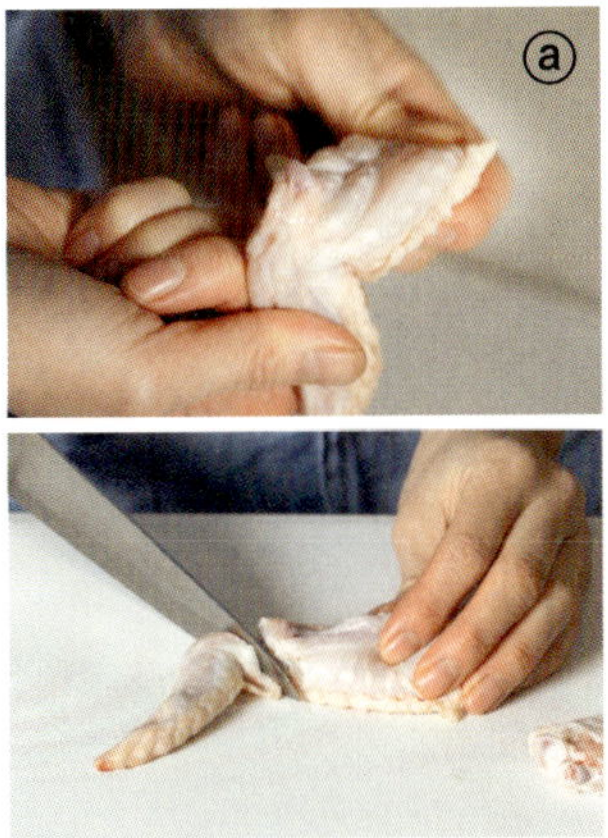

最初に手で折って関節を外し(写真上)、包丁で2つに切ったら鶏肉の下処理は終了(下)。

作り方

1 鍋(またはフライパン)にオリーブオイルをひき、手羽中の皮目が下になるように入れ、手羽先の先端、長ねぎの白い部分、その上ににんにくをのせて弱めの中火で4〜5分焼く。手羽中の皮目と長ねぎにきれいな焼き色がついたら、さっと混ぜながらさらに1分ほど焼く。

2 水、**塩**、じゃがいも、長ねぎの青い部分を加えたらふたをして、弱めの中火で10分煮る。長ねぎの青い部分を取り出してスープと具材を器に盛り、粗びき黒こしょうをふる。

水煮を汁ごと使うから手間なし＆濃厚な貝のうまみ

セロリとあさりのクラムチャウダー

材料

あさり（水煮）…125g（身の部分60g）
じゃがいも…1個（160g）→ 1cmの角切り
にんじん…1/2本（80g）→ 1cmの角切り
セロリ…1/2本（80g）
→ 茎と葉に分け、茎は筋を取って1cmの角切り
塩…小さじ1/2
水…200mℓ
牛乳…200mℓ
オリーブオイル…大さじ1
パセリ（お好みで）…適量

作り方

1 フライパンにオリーブオイルをひき、じゃがいも、にんじん、セロリの茎を入れて、2分炒める。さらに、あさり（煮汁ごと）、水、**塩**、セロリの葉を加え、ふたをして弱火で7分煮る。

2 セロリの葉を取り出して牛乳を加え、再びふたをして、煮立ったら具材がやわらかくなるまで弱火で2〜3分煮込む。器に盛り、お好みでパセリをふる。

セロリの葉は香りが強く、ハーブのような役割をしてくれます。

「コンソメを使わなくてもおいしく作れるんだ！」と
驚く人が続出した“伝説”のスープです。
あさりのうまみは濃く、野菜と牛乳の味わいはしっかり。
なのに後味はあっさりとしているので食べ飽きないおいしさです。

「しっかり味」の食材をフル活用する

ウインナーや乾物など、「しっかり味」の食材は塩だけスープの強い味方。入れるだけで強力な出汁になってくれるから塩だけでもおいしく作れるのです。

チョリソーとキャベツのスープ

チョリソーの濃厚な出汁はさまざまな食材と好相性！
余り野菜を使うなど、気軽に作ってみてください

材料

チョリソー…4本(80g) → **斜め薄切り**
キャベツ…3枚(100g) → **5mm幅の細切り**
にんにく…1かけ → **薄切り**
塩…小さじ1/2
水…400㎖
オリーブオイル…大さじ1

最初に炒めることで、にんにくの風味をチョリソーの脂に移します。辛いのが苦手な人はウインナーでどうぞ。

作り方

1 鍋にオリーブオイルをひき、チョリソー、にんにくを入れて、にんにくが焦げないように2分炒める。

2 キャベツを加えてさらに1分炒め、水、塩を加えて煮る。煮立ったらふたをして、さらに弱火で5分煮込み、器に盛る。

切り干し大根は、煮込みながら戻してうまみを引き出すイメージで。大根の甘みと梅干しの酸味が後をひくおいしさ。和風のスープですが粗びき黒こしょうやオリーブオイルをトッピングするのもおすすめです。

切り干し大根を戻さず加え、うまみを余すところなく

切り干し大根とささみの梅スープ

材料

鶏ささみ…2本
切り干し大根…15g → **さっと洗う**
梅干し（しそ漬け）…1個 → **種を取る**
塩…小さじ1/3
水…450mℓ
酒…大さじ1

作り方

1 鍋に水、酒、鶏ささみを入れて火にかける（写真ⓐ）。煮立ったらアクを取り、ふたをして弱火で2分煮込んだら鶏ささみを取り出しておく。

2 切り干し大根をキッチンバサミなどで3〜4cm長さに切りながら**1**の鍋に加え、弱火で2分煮る。

3 梅干しと**1**の鶏ささみを手でちぎりながら加えて（写真ⓑ）、塩を入れる。再度煮立ったら器に盛る。

ささみは切らずに入れること。水から加熱することで、スープにも肉自体にもうまみが感じられるように。

梅干し、ささみは手で食べやすい大きさに。じつはこのレシピ、包丁なしで作れます。

スペインの代表的なスープ、ソパ・デ・アホ
(にんにくスープ)をご自宅で。
通常はチキンブイヨンなどを使いますが、
シンプルに塩とパプリカパウダーで仕上げました。
生ハムの燻製香とコク、塩けがポイントなので、
ぜひ生ハムを使ってくださいね。

生ハムの燻製香とコク、塩けがおいしいポイント

にんにくと卵のパプリカスープ

材料

にんにく…2かけ → **みじん切り**
玉ねぎ…1/4個(45g) → **みじん切り**
生ハム…40g → **7mm幅の細切り**
卵…1個
バゲット…3切れ(30g程度)
　→ **香ばしい焼き色がつくまでトースターで焼き、2cmの角切り**
塩…小さじ2/3
水…550mℓ
パプリカパウダー…小さじ1
オリーブオイル…大さじ1
パセリ(お好みで) …適量 → **刻む**
粗びき黒こしょう(お好みで) …適量

作り方

1 フライパンにオリーブオイルをひき、にんにく、玉ねぎを入れて弱めの中火で5分ほど炒める。さらに生ハムを加えて、色が変わるまで炒める。

2 水、**塩**、パプリカパウダーを加えて中火にかけ、煮立ったらふたをして弱火で3分煮る。

3 卵を溶いて少しずつまわし入れる。バゲットを加え、ふたをして弱めの中火でさらに3分煮る。器に盛り、お好みでパセリ、粗びき黒こしょうをふる。

トマトをじっくり焼いて、濃厚な甘みを堪能

焼きトマトとモッツァレラチーズのスープ

焼くことでうまみを濃縮させる

食材を焼くと水分が飛び、うまみ成分がギュッと濃縮されます。さらに食欲をそそる焼き色に香ばしい香り、油に風味を移す働きも。これらすべてが「おいしい」につながります。

材料

トマト（中）…2個

→ ヘタを取って横半分に切る

モッツァレラチーズ…1個（100g）

→ 手で半分に割る

塩…小さじ1/2

オリーブオイル…大さじ1

水…350mℓ

オリーブオイル…適量

作り方

1. 鍋にオリーブオイルをひき、トマトの断面が下になるように入れたら**塩**を加え、ふたをして5分蒸し焼きにする。
2. 水を加え、煮立ったら弱火で2分煮込む。モッツァレラチーズを加えてさらに1分煮て、器に盛る。

焼きトマトの甘酸っぱい出汁とモッツァレラチーズのマイルドなうまみが溶け出したスープはちょっと今まで経験したことのない味わいかもしれません。トマトの焼き色ととろけるチーズにワクワクするスープです。

「焼き」の香ばしさとごま油のコクがたまらない

焼きねぎと豚肉の中華スープ

材料

豚バラ肉（薄切り）…150g
→ 食べやすい大きさに切る

長ねぎ…１本 → 4cm長さに切る

乾燥わかめ…3g → 水に５分ほど浸して戻す

塩…小さじ1/2

水…400mℓ

白ごま…大さじ1

粗びき黒こしょう…適量

ごま油…大さじ1

作り方

1 鍋にごま油をひき、豚バラ肉、長ねぎを入れて、しっかりと焼き色がつくまで焼く。

2 水、**塩**を加え、煮立ったらふたをして弱火で５分煮る。

3 わかめ、白ごま、粗びき黒こしょうを加えて、ひと煮立ちさせたら器に盛る。

少し焼きすぎ？ ぐらいでちょうどいい。水を加えて加熱した時にしっかり焦げ目が残り、見た目も香ばしく仕上がります。

しょうゆを使ったかのようですが、このスープの「茶色」は素材をカリッと焼いて煮込んで出てきたもの。でも味はキリッとした塩味なので、脳がバグってしまうおいしさです。焦げ目はしっかりめにつけたほうがおいしいので、勇気を持って焼いてくださいね。

Column 1

火と塩を使うタイミングは重要

ここまでレシピを見てきて、「同じスープなのに、レシピによってずいぶん作り方が違う」と思われたかもしれません。

たとえば、これから紹介する「牛肉と豆もやしのザーサイスープ」（46ページ）は最初に牛肉と豆もやしを炒めてから水を加え、煮立てます。一方、「鶏もも肉としめじの梅みぞれ汁」（49ページ）は鶏もも肉やしめじを先に炒めず、水や塩などと一緒に煮て作ります。

作り方が違うのは、スープによって目指す雰囲気のゴールが少し違うから。ゴールとは最終的な形のようなもの。たとえば鶏肉なら、ふんわりした状態で食べてもらいたいか、カリッと香ばしく焼き色がついた状態をスープで煮て食べてもらいたいか、などです。

今回のレシピは、具とスープ両方にうまみが感じられる調理法になっています。

食材を炒めずに煮る系のレシピは、火を入れるタイミングが重要。沸騰してから食材を入れると食材のうまみがスープにしみ出しすぎて、出がらしのような具になってしまうからです。そうならないように、水から塩と一緒に煮ています。

そしてもう一つ、塩を入れるタイミングが重要です。とくに食材を炒める（焼く）系のレシピは、炒めるときに塩をふりましょう。水を加えてから塩を加えるより、塩の浸透圧が直接的に働き、必要なうまみだけをしみ出させることができます。

とはいえ、絶対的なルールではないので、塩を入れ忘れたら後から投入しても大丈夫です。でも、できれば火を入れるタイミング、塩をするタイミングはなるべくレシピ通りに作ったほうがおいしく仕上がります。

食材を先に炒める（焼く）系。食材をしっかり焼くことで、香ばしさもうまみとして取り入れます。

水から加熱することで肉や魚の急激な温度変化を抑えることができ、食感よく仕上げることができます。

焼く時に塩を投入。トマトはうまみたっぷり食材ですが、先に塩をすることでより濃い味に。

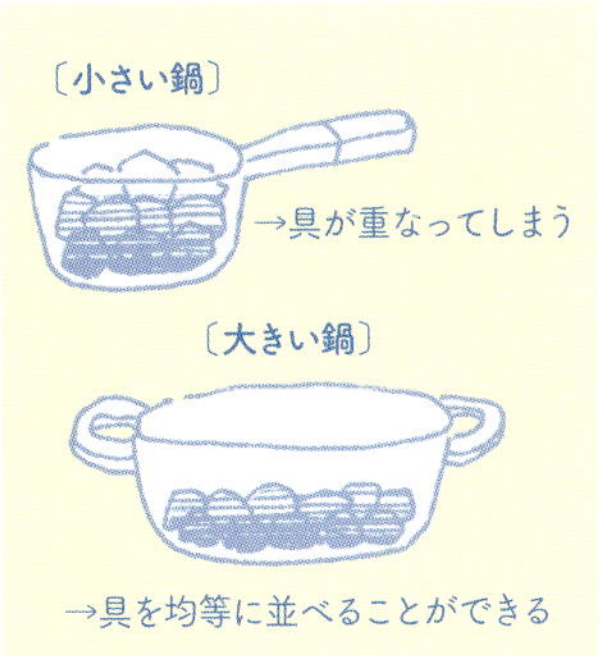
〔小さい鍋〕
→具が重なってしまう
〔大きい鍋〕
→具を均等に並べることができる
塩だけスープは食材を炒めて（焼いて）から煮込むことが多いので鍋の直径は大きめがおすすめ。そのほうが焼く時に均等に火が通りやすいです。

PART 2

食べごたえ抜群！
おかずになる塩だけスープ

ＰＡＲＴ２では、肉や魚をボリュームたっぷりに使ったメインのおかずになるスープを紹介します。味の決め手はやっぱり「塩」ですが、調理にちょっとしたコツがあります。

おかずスープには塩＋ときどきお酒

おかずになるスープも基本は塩だけで作れるのですが、肉や魚をかたまりで使ったりするような場合、臭みとりとしての「酒」を少量加えたほうが、よりおいしく仕上がることがあります。

お酒を使うかどうかは、食材の組み合わせによっても変わります。

豆もやしをまるごと1袋使ったボリュームスープ

牛肉と豆もやしのザーサイスープ

材料

牛もも肉（薄切り）…220g
　→ **食べやすい大きさに切る**

豆もやし…1袋

味つきザーサイ…60g

ニラ…1/2束（50g）
　→ **4cm長さに切る**

塩…小さじ1/3

水…600mℓ

ごま油…大さじ1

粗びき黒こしょう…適量

作り方

1 フライパンにごま油をひき、豆もやしを入れて2分炒める。

2 豆もやしをフライパンの端に寄せ、空いたスペースで牛もも肉を炒める（写真ⓐ）。

3 牛もも肉の色が変わったら水を加え、煮立たせる。アクが出たら取り、**塩**を加えてふたをして弱火で7分煮込む。ザーサイ、ニラを加えてさらに2分煮て、器に盛り、粗びき黒こしょうをふる。

牛肉と豆もやしをまとめて炒めることもできますが、それぞれ焼くように加熱したほうが焼きムラがなくなります。

豆もやしは豆の部分にうまみが凝縮しています。
シャキッとした食感に牛肉のコク、ザーサイの
うまみが相まって奥深い味わいに仕上がりました。
豆もやしにボリュームがあるので、
フライパンで作るのがおすすめです。

しょうがにごま油をなじませておくとコクがアップ！
リーズナブルな食材を使った毎日飲みたいスープ

チンゲン菜とささみのしょうがスープ

材料

鶏ささみ…2本

チンゲン菜…1株（100g）

→ **根元を落として繊維を断ち切るように2cm幅に切る**

しょうが…15g → **千切り**

塩…小さじ1/2

酒…大さじ1

水…550mℓ

ごま油…小さじ2

A
- 片栗粉…小さじ1と1/2
- 水…大さじ1

作り方

1 しょうがにごま油をなじませておく（写真ⓐ）。

2 鍋に水、酒、鶏ささみを入れて火にかけ、煮立ったらアクを取り、ふたをして弱火で2分煮る。鶏ささみを取り出して、粗熱が取れたら細かくほぐしておく。

3 **2**の鍋に**1**のしょうが、**2**の鶏ささみ、チンゲン菜、塩を入れて、1分ほど煮る。水溶き片栗粉Aを加え、ほのかにとろみがついたら器に盛る。

なじませておくことでしょうがの香りがごま油に移り、別々に加えるよりおいしくなります。

腸内環境を整える大根、梅干し、しめじをふんだんに。
スルスルと心地よい飲み口は大根おろしを使うからこそ

鶏もも肉としめじの梅みぞれ汁

材料

鶏もも肉…1枚(250g)→**食べやすい大きさに切る**
しめじ…50g→**石づきを切り落としてほぐす**
梅干し…2個→**種を取る**
大根…200g→**すりおろす**_★
塩…小さじ1/3
A　酒…大さじ1
　みりん…大さじ1
　水…500mℓ

作り方

1 鍋に塩とA、鶏もも肉、しめじを入れて火にかけ、煮立ったらふたをして弱めの中火で4〜5分煮る。
2 すりおろした大根(汁ごと)、梅干しを手でちぎりながら加え、再度煮立ったら器に盛る。

★
大根は先端に行くほど辛みが強く、葉に近い部分は甘みが強くなります。スープにも大根の味わいが反映されるのでお好みで作ってみてください。

アクアパッツァスープ

海を思わせる〝潮味〟のスープ。
あさりから出る出汁が味の決め手です

材料

白身魚（鯛など）…2切れ（200g）
あさり…180g → **砂を抜く（写真ⓐ）**
ミニトマト…10粒
にんにく…1かけ → **みじん切り**
塩…小さじ1/3
酒…50mℓ
水…400mℓ
オリーブオイル…大さじ1
レモン…1/2個 → **くし形に切る**
イタリアンパセリ（お好みで）…適量 → **ちぎる**

〔下準備〕
あさりは砂抜きしておく（深めのバットや皿に水500mℓを入れて塩大さじ1を溶かし、あさりを入れて1時間ほど暗い場所に置く（写真ⓐ）。

作り方

1 フライパンにオリーブオイルをひき、にんにく、白身魚の皮目が下になるように入れて焼く。焼き色がついたら裏返してあさり、酒を加え、ふたをして、あさりの殻がひらくまで3分蒸し煮にする。

2 ミニトマト、水、塩を加え、ふたをしてさらに弱火で7分煮る。器に盛り、レモンを添え、お好みでイタリアンパセリを散らす。

砂抜き中はあさりを網の上に。吐き出した砂を再び吸わないようにするため。

魚の表面が乾燥しないように、時々スープをすくってかけてあげましょう。

特別感のある料理なので殻付きのあさりを使って
華やかに。レモンのさわやかな酸味により後味は
さっぱり。おかずにも、ちょっと
ぜいたくなおつまみにもなるスープです。
あさりを砂抜きする時間がなければ水煮でどうぞ。

本場韓国では滋養強壮のためのスープとして有名。
本来は鶏一羽を丸ごと使って作ります。
このレシピではもち米を鶏肉に詰める代わりに
もち麦を直接スープに入れてゆでるから手軽。
スープにとろみがつき、冷めにくいスープに仕上がります。

手軽な参《サム》鶏《ゲ》湯《タン》

手羽元ともち麦で本場の味を再現、澄んだコクうまスープ

材料

鶏手羽元…8本（500g）
→ **骨に沿って包丁で切り込みを入れる（写真ⓐ）**

長ねぎ…1本
→ **1cm幅の輪切り**

しいたけ…4個
→ **笠は薄切りに、軸は石づきを切り落として手でさく**

もち麦…大さじ1
にんにく…4かけ → **縦半分に切る**
しょうが…1かけ → **薄切り**
塩…小さじ1
酒…大さじ2
水…800mℓ

作り方

1 もち麦はさっと洗って水けをきる。
2 鍋に**1**のもち麦と**塩**、そのほかすべての材料を入れ、ふたをして火にかける。煮立ったら弱火にして20分ほど煮込み、器に盛る。

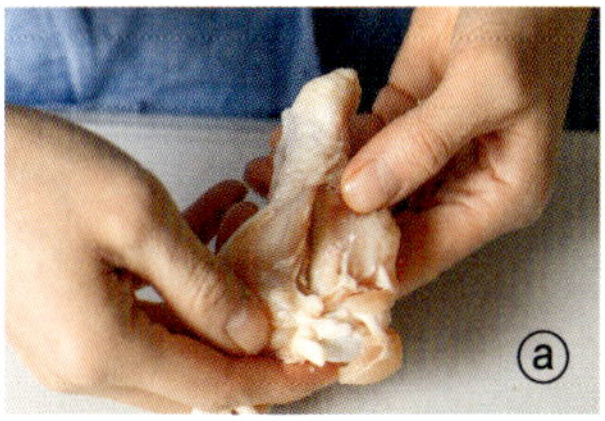

骨に沿って切り込みを入れたら、指で広げます。こうすることで鶏の出汁が染み出しやすくなります。

塩豚のポトフ

塩豚から溶け出す塩けがスープの味を決める！

材料

豚肩ロース肉（ブロック）…300〜350g
じゃがいも（メークイン使用）…２個（300g）→ **半分に切る**
にんじん（小）…１本（150g）
→ 縦に四つ割りにして半分の長さに切る
セロリ…1/2本（80g）
→ 茎と葉に分け、茎は筋を取って大きめの一口大に切る
塩…小さじ１
白ワイン（または酒）…50mℓ
水…550mℓ
粗びき黒こしょう…適量
オリーブオイル…大さじ１

〔下準備〕
塩豚を作る。豚肩ロース肉は長さを半分に切ったら全体に塩をなじませ、ラップで包み冷蔵庫で一晩置く。

作り方

1 鍋にオリーブオイルをひき、塩豚を入れてすべての面に香ばしい焼き色がつくまで焼く。
2 じゃがいも、にんじん、セロリの茎を入れて、全体に油がまわったら白ワインを加えてアルコールをとばすように煮立たせる。
3 水とセロリの葉を加え、煮立ったらアクを取り、ふたをして弱火で20分煮る。セロリの葉を取り除き、豚肩ロース肉は取り出して食べやすい大きさに切り、器に盛る。残りの食材、スープも盛りつけて、粗びき黒こしょうをふる。

塩豚の作り方

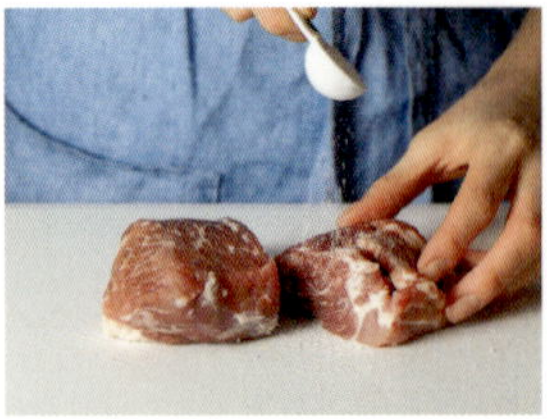

❶肉全体に塩をふり、なじませて。この塩がスープの味を決めます。

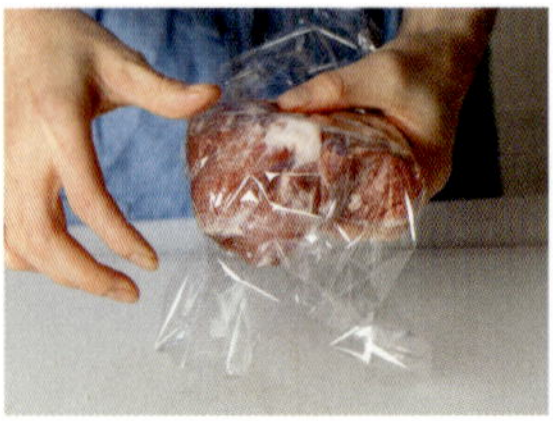

❷空気に触れないようにラップで包み、冷蔵庫で一晩寝かせます。

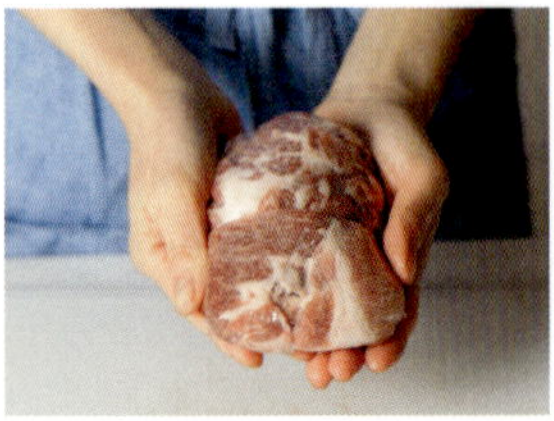

❸一晩たった塩豚は、鮮やかな肉色が落ち着き、しっとりします。

塩漬けした肉をスープで煮ることで、
肉とスープにしっかりうまみが感じられます。
肉のジューシーさは塩豚だからこそ。
ウインナーでも代用できますが、一度でも
味わってしまうと、次も塩豚を用意したく
なるのです。

ゆずの風味が広がるほんのり白湯スープが絶品！

鶏もも肉とかぶの ゆず香るスープ

材料

鶏もも肉…1枚(250g) → **一口大に切る**

かぶ…1株(80g)

→ **根は皮つきのまま6等分のくし切り、葉は4cm長さに切る**

塩…小さじ1/3

水…450㎖

酒…大さじ1

オリーブオイル…大さじ1

ゆずのしぼり汁…1/2個分(大さじ1程度)

ゆずの皮…1/2個分 → **千切り**

作り方

1 鍋にオリーブオイルをひいて熱し、鶏もも肉を入れて炒める。表面に焼き色がついたら水、酒、根を加えて火にかける。

2 煮立ったらアクを取り、**塩**を加えて弱めの中火で2分煮る。かぶの葉を加えてさらに1分煮たら火を止めて、ゆずのしぼり汁を加える。器に盛り、ゆずの皮を散らす。

かぶは皮ごと使うのがポイント。煮崩れを防ぐほか、
食べた瞬間に口の中でとろける食感を楽しめます。
酸味が塩けをまろやかにしてくれるので、
ゆずは果汁もたっぷりと使いましょう。
手に入らなければレモンで代用可能です。

ソーセージをしっかり炒めて油にうまみを移すことで、スープ全体にコクを行き渡らせます。
濃厚なミルク感がありながら、
でも後味はサラッとした飽きのこない味わいです。

れんこん&さつまいもがたっぷり！ 食べごたえも抜群です

根菜とソーセージの塩ミルクスープ

材料

さつまいも（小）…1個（150g）→ **乱切り**
れんこん…1/2節（100g）
　→ **1.5〜2cmの角切りにしてさっと水にさらす**
エリンギ…1パック
　→ **長さを2〜3等分にして短冊切り**
ソーセージ…4本（80g）→ **1cm幅の輪切り**
塩…小さじ1/2
水…200mℓ
牛乳…300mℓ
オリーブオイル…大さじ1

作り方

1 鍋にオリーブオイルをひき、ソーセージを入れて2分炒める。水、さつまいも、れんこんを入れて火にかけ、煮立ったらふたをして弱火で7分煮る。

2 牛乳、**塩**、エリンギを加えて再度煮立たせ、さつまいもとれんこんがやわらかくなるまで3分ほど煮込み、器に盛る。

クリーミィなかきを磯の香りとバターのコクでいただく

かきとペンネののりスープ

材料

かき（むき身）…100g
板のり…1枚
ペンネ…50g
塩…小さじ1/ 2
バター…10g
水…500mℓ

作り方

1 鍋に水、**塩**を入れ、煮立ったらペンネを加えて指定の時間より3分短くゆでる。

2 **1**に板のりを手でちぎりながら加え、さらにかき、バターを入れて弱めの中火で3分煮て、器に盛る。

ペンネのゆで汁に具材を加えてスープにします。ゆで汁にほんのりついたとろみを生かすほか、調理時間の短縮に。

じつはのりはうまみが豊富。とくに動物性の出汁（この場合はかき）との相性がよいので積極的に使いたい食材です。和テイストのスープとペンネをつなぐのはバターのコク。意外な好相性を楽しんでください。

Column
2

「塩で味が決まる」とはどういうこと？ 調味料についておさらい

一般的な家庭料理の味つけでは、「塩」「しょうゆ」「みそ」、この3つが味のベースになるかと思います（砂糖を使っても「砂糖味」とは言いませんよね？）。

ですが、そもそも料理における味つけの基本は、あくまでも塩。塩で味が決まっているからこそ、しょうゆを加えた時にちゃんとしょうゆの風味を感じることができます。

また、しょうゆやみそ、西洋料理のソースや中国料理の醤《ジャン》などの構成を見ていくと、塩をベースに、うまみ成分や香り成分が組み合わさってできていることがわかります。

本書のテーマは「塩だけ」ですが、「塩で味が決まる」ということを実感できるように、アレンジ編として「しょうゆ」や「みそ」を使ったレシピも紹介しました。

しょうゆ味やみそ味を目指すのではなく、風味づけやコク足しを目的に。ごく少量なのに、塩が決まっていることでそれぞれの風味が際立つおもしろさを味わってください。

なお、必要に応じて酒、みりん、砂糖といった調味料も補助的に使っています。これらは肉や魚の臭みを消したり、味にちょっとしたアクセントを加えるのが目的。

調味料の個性を知れば上手に使いこなすことができます。ご存じの方も多いと思いますが、各調味料の特徴をおさらいしておきましょう。

ただし、調味料は文字どおり、味を調えるもの。食材をおいしくするために足りない要素を補うという意識が重要です。調味料が過剰になってはいけません。

本書で使っている基本調味料

しょうゆ

うまみ、甘み、塩み、苦み、酸味をバランスよく含んだ調味料。肉の脂やうまみにスープが負けてしまわないように、一方で、淡泊な食材を組み合わせた時にも加えています。

みりん

まろやかな甘みを加えたいスープに使用しています。砂糖とは違う、ほんのりとした間接的な甘みが加わることで、とげのない、後味のよいスープに仕上がることも多いのです。

酒

米由来の有機酸やアミノ酸を含み、料理のコクやうまみをアップ。魚や肉の臭みをとる働きもあります。塩だけでも素材のうまみを引きだす働きがありますが、さらにうまみやコクをプラスしたい時には酒とセットで加えています。

酢

肉や魚を柔らかくする作用や殺菌作用あり。とがった塩けをまろやかにしてくれる効果も。酸味が加わることで食欲増進にもつながります。本書ではすっきりとした味わいでジャンルを問わず使いやすい穀物酢を使っています。

SOUP LAB.

ポタージュを作ってみよう

野菜のうまみを丸ごといただく

潰してピューレ状にすることで、野菜の風味を最大限に引き出すのがポタージュ。これこそ余計な味つけは必要なし！「塩だけ」の本領発揮です。

にんじんのポタージュ

にんじん、玉ねぎ、じゃがいも。
野菜が持つ甘みをじわじわ感じられる滋味深い味わい

材料

にんじん（小）…1本（150g）→ **薄い半月切り**
玉ねぎ…1/4個（50g）→ **薄切り**
じゃがいも…1/2個（80g）→ **薄い半月切り**
塩…小さじ1/2
水…200㎖
牛乳…200㎖
オリーブオイル…大さじ1
パセリ（お好みで）…適量 → **刻む**

作り方

1 鍋にオリーブオイルをひき、にんじん、玉ねぎ、じゃがいもを入れて3分炒める。

2 水、塩を加え、煮立ったらふたをして弱めの中火で10分煮込む。

3 牛乳を加え、ハンドブレンダーでなめらかになるまで撹拌する。器に盛り、お好みでパセリをふり、オリーブオイル（分量外）をまわしかける。

作り方のポイント

オリーブオイルと食材をなじませるように炒めてから水を加えましょう。

「ぐつぐつ」ではなく、「コトコト」ぐらいが弱めの中火の目安です。

牛乳を加えた後は加熱しないので、食材に火が通っているかを確認。

ホーロー鍋でハンドブレンダーを使う時は鍋を傷つけないように注意。

パプリカとトマトのポタージュ

パプリカは加熱することで華やかな甘みに。
クミンパウダーを加えて、特別感のあるスープが完成

材料

パプリカ(赤) …1/2個 → **種とヘタを取り2cmの角切り**
トマト(中) …1個 → **ヘタを取り2cmの角切り**
じゃがいも…1個(160g) → **2mm幅の半月切り**
にんにく…1/2かけ → **薄切り**
塩…小さじ1/3
水…250ml
クミンパウダー…小さじ1/2
オリーブオイル…大さじ1

作り方

1 鍋にオリーブオイルをひき、パプリカ、トマト、じゃがいも、にんにくを入れて中火で5分炒める。

2 水を加え、煮立ったらふたをして弱めの中火で5分煮る。ふたをしたまま粗熱が取れるまで置く。

3 ハンドブレンダーでなめらかになるまで撹拌したら、再び中火にかける。**塩**、クミンパウダーで味を調え、器に盛る。

カリフラワーと長いものポタージュ

すりおろした長いもで、まろやかなとろみをつけました。
豆乳はそれ自体にうまみがあるので出汁のように使えます

材料

カリフラワー…1/3株(150g) → **粗く刻む**
長いも…1/5本(100g) → **すりおろす**
塩…小さじ1/3
砂糖…小さじ1
水…150mℓ
豆乳(無調整) …100mℓ
オリーブオイル…大さじ1

作り方

1 鍋にオリーブオイルをひき、カリフラワーを入れて薄い茶色に色づくまで2分ほど炒める。
2 水を加え、ふたをして弱めの中火で5分煮る。
3 豆乳を加え、ハンドブレンダーでなめらかになるまで撹拌し、長いも、塩、砂糖を加えて煮立つ直前まで煮込む。器に盛り、オリーブオイル(分量外)をまわしかける。

油をしっかりまとわせるように炒めることで風味がアップします。

塩昆布がとてもよい仕事をしてくれました。
ごぼうやしいたけの濃厚な味わいに負けて
いないのです。ごぼうは風味のよい泥つきを。
皮と実の間にうまみがあるので、皮はむかずに、
軽く泥を落とすぐらいにしましょう。

ごぼうとしいたけのポタージュ

一口でそれとわかる、ごぼうやしいたけの力強いうまみ。塩昆布の隠し味が効いている和のポタージュです

材料

泥つきごぼう…1/2本（80g）
→ 泥を落として（写真ⓐ） 2mm幅の斜め薄切りにし、2分ほど水にさらして水けをきる

しいたけ…4個
→ 笠は薄切りに、軸は石づきを切り落として手でさく

玉ねぎ…1/4個（50g）→ 薄切り

塩…少々

塩昆布…10g

水…150mℓ

牛乳…200mℓ

オリーブオイル…大さじ1

粗びき黒こしょう（お好みで）…適量

作り方

1 鍋にオリーブオイルをひき、ごぼう、しいたけ、玉ねぎを入れて、水分が出るまで5分炒める。

2 水を加えて鍋底の焦げを取るように混ぜたら塩昆布を加え、ふたをして弱火で5分煮込む。牛乳を加えてハンドブレンダーでなめらかになるまで撹拌し、塩を加えて味を調える。器に盛り、お好みで粗びき黒こしょうをふる。

くしゅっとまるめたホイルで表面を軽くこすると泥が落ちます。

栗のやさしい甘みに癒される、おかずのようなおやつのような一品

栗とシナモンのポタージュ

材料

甘栗（むき栗）…200g
玉ねぎ…1/4個（50g）→ **薄切り**
じゃがいも…1/2個（80g）→ **5mm幅の半月切り**
塩…小さじ1/4
水…200mℓ
牛乳…250mℓ
オリーブオイル…大さじ1
シナモンパウダー…適量
くるみ（お好みで）…適量→ **砕く**

作り方

1 鍋にオリーブオイルをひき、玉ねぎ、じゃがいもを入れたら3分炒める。

2 水、塩、甘栗を加え、煮立ったらふたをして弱火で10分煮る。

3 牛乳を加えてハンドブレンダーでなめらかになるまで撹拌し、とろみがつくまで弱めの中火にかける。器に盛り、シナモンパウダー、お好みでくるみをふる。

市販のむき栗を使うので皮をむく手間がなく、
時季を問わずに気軽に作れます。栗のやさしい
甘みがあるので、おやつ感覚で味わうもよし。
一方でしっかり塩けもあるので、パンに合う
おかずにもなります。

PART 3

アレンジ編①

+《プラス》しょうゆで風味を楽しむ ほぼ塩だけスープ

肉の脂やうまみにスープが負けてしまいそうな時や
淡泊な食材のみを組み合わせたい時の強い味方がしょうゆ。
塩に少量プラスすることで、奥深さを生み出す使い方を紹介します。

しょうゆで味を“調える”

しょうゆを使う際に注意したいのは、しょうゆで「味つけ」をしないこと。味を決めるのやはり「塩」。ごく少量のしょうゆをあくまでも風味づけに使うことで、味が調うのです。

豚肉×まいたけの濃厚なうまみとコク。
香ばしいしょうゆの風味で後味はさっぱりと

まいたけと豚バラ肉の焦がしスープ

材料

豚バラ肉(薄切り)…150g
→ 食べやすい大きさに切る

まいたけ…100g
→ 食べやすい大きさに手でさく

塩…小さじ1/3

A
しょうゆ…小さじ2
みりん…大さじ1
水…500mℓ

油(米油、太白ごま油、サラダ油など)…大さじ1

粗びき黒こしょう(お好みで)…適量

作り方

1 鍋に油をひき、まいたけを入れ、その上に豚バラ肉を広げるようにのせたらふたをして、蒸し焼きにする。途中、豚バラ肉にも焼き色がつくように炒める。

2 塩とAを加え、煮立ったらさらに1分ほど煮込む。器に盛り、お好みで粗びき黒こしょうをふる。

焦がし方のコツ

❶豚肉はまいたけの上に広げるようにのせて。こうすると加熱した時に豚肉がギュッと固まらず、やわらかい状態に仕上がります。

❷時々返しながら、焼き加減を確認。

❸このくらいの焦げ目が理想的。焼いてから水分を加えることで、食材のうまみをスープに移します。

豚ひき肉とニラのスープ

「これは飲める餃子だ！」と誰もが驚き、よろこぶ味。食材を刻み、包む手間なしなのがうれしい

材料

豚ひき肉…150g
ニラ…1/2束（50g）→ **4cm長さに切る**
にんにく…1かけ→ **すりおろす**
しょうが…1かけ → **千切り**
塩…小さじ1/2
A
しょうゆ…小さじ2
酒…大さじ1
みりん…大さじ1
水…500mℓ
ごま油…大さじ1
酢…小さじ1と1/2
ラー油…適量

作り方

1 鍋にごま油をひき、にんにく、しょうがを入れて火にかけ、香りが立ったら豚ひき肉を加えて色が変わるまで炒める。
2 塩とAを加えて強めの中火にかけ、煮立ったらニラを加えて3分ほど煮る。
3 仕上げに酢を加えて器に盛り、ラー油をまわしかける。

具だくさん鶏汁

鶏肉の良質なうまみがしみ込んだ根菜類が美味！
さつまいものやさしい甘みに癒されます

材料

鶏もも肉…1枚(250g) → **一口大に切る**

泥つきごぼう…1/2本(80g)
→ **汚れを落として斜め薄切りにし、1分ほど水にさらして水けをきる**

大根…100g → **5mm幅のいちょう切り**

さつまいも(小) …1個(150g)
→ **皮つきのまま乱切りにし、1分ほど水にさらして水けをきる**

ねぎ…1/2本(30g) → **1cm幅の小口切り**

塩…小さじ2/3

A しょうゆ…小さじ2
酒…50mℓ
水…600mℓ

ごま油…大さじ1

作り方

1 鍋にごま油をひき、鶏もも肉を入れて火にかけ、白っぽくなってきたら、ごぼう、大根を加えて油を絡めるように2分ほど炒める。

2 塩とAを加え、さつまいも、ねぎを入れたら強めの中火で煮立たせる。ふたをして具材がやわらかくなるまで弱めの中火でさらに7分ほど煮込み、器に盛る。

クレソンとベーコンのスープ

香り豊かなクレソンをたっぷりいただけるスープ。ベーコンをしっかり焼き、香ばしく仕上げましょう

材料

クレソン…30g
→ 茎は2cm長さに切る、葉はざく切り

ブロックベーコン…50g
→ 7mm幅に切り、さらに7mm幅で切り、細切りにする

にんにく…1かけ→薄切り

塩…小さじ1/2

A
しょうゆ…小さじ1/2
水…450mℓ

オリーブオイル…大さじ1

作り方

1 鍋にオリーブオイルをひき、にんにく、ベーコンを入れて弱めの中火で香ばしい焼き色がつくまで炒める(写真ⓐ)。

2 塩とA、クレソンの茎を入れ、煮立ったらクレソンの葉を加えて30秒煮込む。器に盛る。

ベーコンを最初にしっかり焼いてから、水を加えるのがポイント。少ない材料でもしっかりとコクやうまみを感じるスープに仕上がります。

クレソンは肉の消化を助けたり、デトックス作用がある体にうれしい食材。少量のしょうゆを加えることでベーコンの塩みがまろやかになります。しょうゆ味に見えますが飲むと塩味。
しょうゆ＝風味であることがわかります。

牛肉とえのきのキムチスープ

七味唐辛子のピリッとした辛みには味をまとめる効果あり。一度食べたらハマる人、続出！ ごはんがすすむ味です

材料

牛肉（薄切り）…150g → **大きければ食べやすい大きさに切る**

えのき…100g → **根元を切り落として半分の長さに切る**

キムチ…100g → **ざく切り**

にんにく…1かけ → **すりおろす**

塩…小さじ1/2

しょうゆ…小さじ1と1/2

水…500mℓ

ごま油…大さじ1

七味唐辛子…適量

作り方

1 鍋にごま油をひき、にんにくを入れて火にかける。香りが立ったら牛肉を入れて色が変わるまで炒める。

2 キムチを加えてさらに1分炒め、水、塩、しょうゆ、えのきを加える。煮立ったらふたをして弱火で5分煮る。器に盛り、七味唐辛子をふる。

えびとチンゲン菜の春雨スープ

香味野菜と大ぶりなえびの香り豊かなスープ。
ナンプラーを加えればエスニック風に仕上がります

材料

えび（バナメイエビ）…10尾（200g）
　→ **殻をむいて背わたを取る**
チンゲン菜…1株（100g）
　→ **根元を切り落として4等分の長さに切る**
にんにく…1/2かけ → **すりおろす**
しょうが…1かけ → **すりおろす**
春雨（戻さずに使えるタイプ）…20g
塩…小さじ2/3
しょうゆ…小さじ1/2
みりん…小さじ2
水…550mℓ
ごま油…大さじ1
ナンプラー（お好みで）…少量

作り方

1 鍋にごま油をひき、にんにく、しょうがを入れて火にかけ、香りが立ってきたらえびを加えて色が変わるまで炒める。

2 水、**塩**、しょうゆ、みりんを加えて火にかけ、煮立ったら春雨、チンゲン菜の茎を加えて2分煮る。チンゲン菜の葉を加えて30秒ほど煮たら、お好みでナンプラーを加えて器に盛る。

とろみを楽しむ

冷めにくく、やさしい口当たりが魅力の
とろみスープ。
とろみをつける食材といえば
片栗粉が代表的ですが、れんこんや
きのこなど、少し変わった「とろみ食材」を
使ったスープも紹介します。

とうもろこしのかき玉中華スープ

とうもろこしと卵のやさしい甘みに癒される。
材料2つでいつでも簡単おいしい、お助けスープ

材料

とうもろこし(ホールコーン冷凍）…100）★
卵 …1個
塩…小さじ1/3
砂糖…小さじ1
しょうゆ…小さじ1
水…450mℓ
A｜片栗粉…小さじ2
　｜水…小さじ4
ごま油…小さじ2
粗びき黒こしょう(お好みで）…適量

作り方

1 鍋にごま油をひき、とうもろこしを冷凍のまま入れて3分ほど炒める。
2 水、塩、砂糖、しょうゆを加えて火にかけ、煮立ったらふたをして弱火で5分煮る。
3 水溶き片栗粉Aを加え、ほんのりとろみをつける。卵を溶いてゆっくりとまわし入れ、火が通り浮かんできたら火を止めてさっと混ぜる。器に盛り、ごま油(分量外)をまわしかけてお好みで粗びき黒こしょうをふる。

★
とうもろこしの生を使う場合は、芯も一緒に煮込むと風味アップ！
芯は水溶き片栗粉分を入れる直前に取り除いてください。

たらと豆腐とすりおろしれんこんのスープ

ふんわり仕上げたたらと豆腐のやさしい口当たり。野菜由来の自然なとろみで、体を芯から温めます

材料

たら…2切れ(200g)

→ **1切れを4等分に切り、塩ひとつまみ(分量外)をなじませて5分置き、表面の水分を拭き取る**

れんこん…2/3節(150g)

→ **すりおろす**

絹ごし豆腐…150g

→ **食べやすい大きさに切る**

塩…小さじ1/3

A
- みりん…大さじ1
- 酒…大さじ2
- しょうゆ…小さじ1
- 砂糖…小さじ1/3
- 水…400mℓ

かつお節…適量

作り方

1 鍋に**塩**とAを入れて火にかけ、煮立ったら、たらを加えて再度煮立たせる。弱火で1分ほど煮て、れんこんを加えてさっと混ぜ、火にかけてアクを取る。

2 絹ごし豆腐を加えて2〜3分煮る。器に盛り、かつお節をのせる。

れんこんは円を描くようにぐるぐると回しながら、繊維を断ち切るようにすりおろします。

れんこんをすりおろして加熱すると、とろみがつくのをご存じですか？　淡泊な食材を組み合わせているので、少量のしょうゆを加えて風味づけ、さらにかつお節をトッピングすることでうまみの奥行きが広がります。

きのこ尽くしのとろみ汁

きのこを3種類以上使うことで奥行きのある味に。
なめこのとろみで食欲がない時にもスルスル入ります

材料

しいたけ…2個
　→ 笠は薄切りに、軸は石づきを切り落として手でさく
しめじ…100g → 石づきを切り落としてほぐす
なめこ…1袋 → さっと洗って水けをきる
絹ごし豆腐…150g → 1cmの角切り
塩…小さじ2/3
しょうゆ…小さじ2
水…500mℓ
粗びき黒こしょう(お好みで)…適量
ラー油(お好みで)…適量

作り方

1 鍋にしいたけ、しめじ、なめこ、水、塩、しょうゆを入れて火にかけ、煮立ったら弱火で5分煮る。

2 絹ごし豆腐を加え、再度煮立ったら器に盛る。お好みで粗びき黒こしょうをふり、ラー油をまわしかける。

栄養満点なモロヘイヤのねばりをスープに。
バターを加えることで味にまとまりが出ます

にんにくとモロヘイヤと鶏肉のスープ

材料

鶏もも肉…150g → **一口大に切る**

モロヘイヤ…1袋(茎を除いて50g) ★
→ **下ゆでして取り出し、水にさらして絞る。粗熱が取れたら細かく刻む**

にんにく…1かけ →**薄切り**

塩…小さじ1/3

A しょうゆ…小さじ1
　水…500㎖

オリーブオイル…小さじ2

バター…10g

★
モロヘイヤはアクが強い野菜なので、下ゆでしてからスープに入れてください。

作り方

1 鍋にオリーブオイル、バターを入れて火にかけ、バターが溶けたら鶏もも肉、にんにくを加えてきれいな焼き色がつくまで焼く。

2 塩とAを加え、煮立ったらモロヘイヤを入れる。ひと煮立ちさせて、器に盛る。

モロヘイヤはゆでてから刻むととろみが出てきます。

かたまり肉を味わうごちそうスープ

かたまり肉のおいしさをスープで堪能してみませんか？
煮込む時間や準備が必要なレシピもありますが、
「作ってよかった！」と思うこと間違いなしです。

まろやかな酸味が肉を劇的においしくする！
うまみが溶け出たスープも後をひきます

ザワークラウトとスペアリブのスープ

材料

スペアリブ…400〜500g
ザワークラウト…100g
塩…小さじ2/3
水…500㎖
A　酒…小さじ2
　　しょうゆ…小さじ1

作り方

1 スペアリブはフォークで表面に穴をあけて、Aを全体になじませておく。
2 鍋に水、**塩**、**1**を調味液ごと入れたら強めの中火にかける。アクが出たら取り、ふたをして弱火で25分ほど煮込む。
3 ザワークラウトを加えてさっと煮立たせたら、器に盛る。

ザワークラウトはキャベツを塩でもんで乳酸発酵させたもの。市販品を使えば手軽に作れます。

ザワークラウトには乳酸発酵による
ほどよい酸味とうまみが詰まっています。
だからほぼ塩だけなのに深みのある味わい。
豚肉の脂とよくなじんでまろやかにするだけ
でなく、肉をしっとりやわらかくしてくれます。

かたまり肉をやわらかく煮て、ほぐしながらいただきます。トマトジュースを使った濃厚な味わいなのでワインとの相性も抜群。下準備が必要ですが、一度食べると下準備まで楽しみになるスープです。

豚肉とまいたけの濃厚トマトスープ

まいたけのエキスが肉をやわらかく、うまみ豊かに。
ほろほろにほぐれるお肉がたまりません！

材料

豚肩ロース肉（ブロック）…400〜500g
まいたけ…1パック（100〜150g）→ **粗く刻む**
酒…大さじ1
塩…小さじ1/2
A　酒…大さじ2
　みりん…大さじ2
　しょうゆ…小さじ2
　砂糖…小さじ2
　酢…小さじ1
　トマトジュース（食塩無添加）…250g
　水…100mℓ

〔下準備〕
ジッパーつき保存袋にまいたけと酒を入れて袋の上から揉んだら、豚肩ロース肉を入れて、まいたけから出るエキスを全体になじませる。冷蔵庫で半日以上置く。

作り方

1 鍋に豚肩ロース肉（まいたけもすべて）、塩とAを加えて強めの中火にかけ、煮立ったらふたをして弱火で30分ほど煮込む。
2 豚肩ロース肉を食べやすい大きさに切って器に盛り、スープを注ぐ。

肉全体にまいたけをまとわせるように揉み込みます。

肉だねをキャベツで巻く手間は省略！

お好みでしめじなどの、きのこを加えてもOK

巻かない ロールキャベツ

いつものおかずをスープで味わう

「ごはんに合うおかずはスープにしてもおいしいはず」

そんな予想を元にレシピを考案したところ、ズバリ的中！

これからはスープにして食べたくなる味に仕上がりました。

材料

合いびき肉…200g
キャベツ…3枚（150g）→ ざく切り
塩…小さじ1/4

A
- 玉ねぎ…1/2個（100g）→ みじん切り
- パン粉…大さじ3
- 卵…1個
- 粗びき黒こしょう…適量

B
- 砂糖…小さじ1
- しょうゆ…小さじ1
- みりん…大さじ1
- トマトケチャップ…大さじ2
- トマトジュース（食塩無添加）…400mℓ
- 水…200mℓ

油（米油、太白ごま油、サラダ油など）…大さじ1

作り方

1 ボウルに合いびき肉、塩、Aを入れて、ねばりが出るまでしっかりと混ぜる。8等分にして丸めておく。

2 フライパンに油をひき、**1**の肉だねを並べて3分焼く。裏返したらキャベツを上にのせて、ふたをして1分蒸し焼きにする。

3 Bを加え、ふたをせずにさらに10分煮て器に盛る。

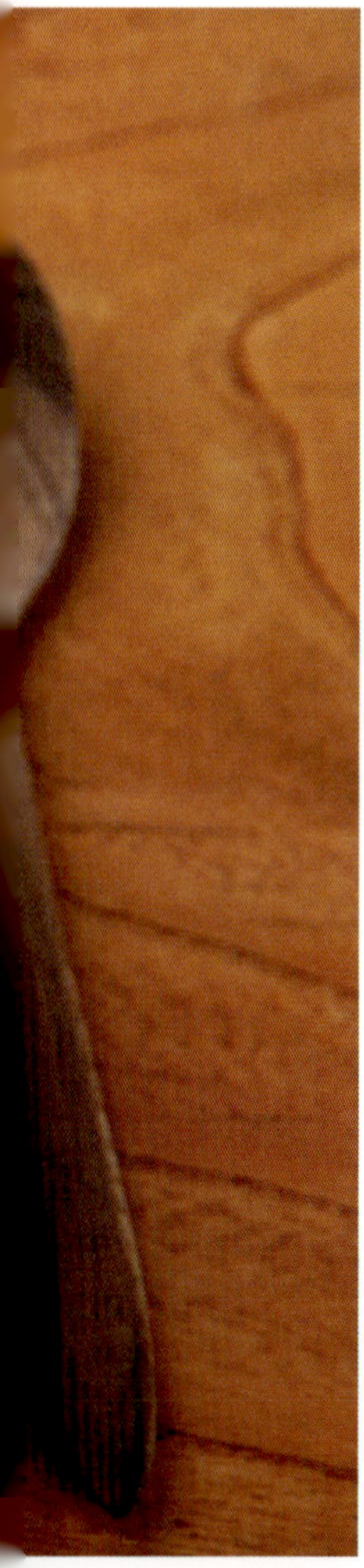

材料

豚バラ肉(薄切り)…150g

→ 食べやすい大きさに切り、
塩少々(分量外)をなじませる

じゃがいも(メークイン使用)…2個(300g)

→ 4等分に切る

玉ねぎ…1/2個(100g) → くし切り

絹さや…8枚

→ 筋を取って半分の長さに切る

塩…小さじ1/2

みりん…大さじ2

しょうゆ…小さじ1と1/2

水…500mℓ

油(米油、太白ごま油、サラダ油など)…大さじ1

粗びき黒こしょう(お好みで)…適量

作り方

1 フライパンに油をひき、じゃがいも、玉ねぎ、豚バラ肉を入れて3分炒める。

2 水を加え、煮立ったらアクを取る。塩、みりん、しょうゆを加えてふたをして、じゃがいもがやわらかくなるまで弱火で10分煮込む。絹さやを加えてサッと混ぜたら火を止めて器に盛り、お好みで粗びき黒こしょうをふる。

肉じゃがの煮汁を飲みたくなる人は多いはず。
そんな欲望を叶える、ごはんに合うスープが完成！

スープ肉じゃが

肉や野菜をじっくり煮込むことで、
スープ自体にもしっかりと素材のうまみが溶け込んでいます。
飲むことを前提にしているので、肉じゃがの味わいはそのままに、
飲み干しても胃が疲れず、心地よい満足感に仕上げました。

Column 3

余りがちな野菜は冷凍にしてスープストックに

にんじんや玉ねぎなど、なんとなく余りがちな野菜ってありますよね？そんな野菜は食べやすい大きさに切って、冷凍しておくのがおすすめ。食材をムダにしないですむほか、調理時間が短くなったり、味がしみ込みやすくなったりするメリットがあるためです。

たとえば、98ページの「オニオンカレーグラタンスープ」では、玉ねぎをあめ色になるまで炒めます。レシピでは生の玉ねぎを使っているのですが、代わりに冷凍した玉ねぎを使うと調理時間をかなり短縮できます。冷凍することで細胞の組織が壊れているため、玉ねぎの水分が早く出てくれるおかげです。そのほかにもにんじんやごぼうなど、根菜類は小さくカットして冷凍しておくといろいろ使えて便利です（ただし、じゃがいもはそのままでも茹でてからでも、冷凍には不向き。食感があまりよくないです）。

一方、きのこ類は冷凍することでうまみが増し、栄養価も高くなると言われています。

調理後に残った野菜を前に「ちょっと使い道が思い浮かばないな……」と思った時は、そのタイミングで食べやすい大きさにして迷わず野菜を冷凍してしまいましょう。

密封袋に入れて、なるべく平らにして冷凍を。凍った時に必要な分量だけ割って使うことができるほか、加熱の際の熱の通りが均等になって味を損ないません。

スパイススープで使ったスパイスの使い道

最後に、次ページから紹介する「スパイススープ」をはじめ、本書に登場するおもなスパイスの使い道についても紹介しておきます。チリパウダーや五香粉など、ふだんあまり使い慣れていないものもあるかもしれませんが、左にそれぞれの特徴とおすすめの活用例を紹介しますので、ムダなく使い切ってくださいね。

特徴がわかれば、ご自身のアイデアで使い方の幅も広がるはずです。

五香粉《ウーシャンフェン》

〔スパイスの特徴〕八角や花椒、シナモン、クローブ、フェンネルなどの種を原料とする中華料理の代表的なミックススパイス。

〔こんな料理に〕煮卵の調味液に加えて／麻婆豆腐、麻婆茄子に加えて／煮魚の調味液に加えて

チリパウダー

〔スパイスの特徴〕唐辛子やクミン、オレガノ、パプリカなどが原料。中南米料理で多用され、タコス、チリコンカンなどに欠かせない。

〔こんな料理に〕唐揚げの下味と衣に加えて／マヨネーズやケチャップなどと合わせてコブサラダドレッシングに／えびマヨに加えて

粉山椒

〔スパイスの特徴〕ミカン科の落葉樹である山椒の完熟した果実の外皮を乾燥させて粉末にしたもの。清涼感のある香りと刺激が特徴。

〔こんな料理に〕ポテトサラダに加えて／牛肉のしぐれ煮にふりかけて／塩と混ぜて山椒塩を作れば天ぷらのアクセントに／うどんやそばにかけて

クミンパウダー

〔スパイスの特徴〕ターメリック、チリペッパーなど、数十種にのぼる多数の材料を配合したミックススパイス。カレー料理に使われる。

〔こんな料理に〕グリルした野菜に／豆のペーストに混ぜて／じゃがいもやかぼちゃのコロッケの種に混ぜ込んで

SOUP LAB.

スパイススープを作ってみよう

スパイスを効かせてみる

元気が出ない日はスパイススープを作ってみませんか？
スパイスにはそれぞれに効能がありますが、
好きな香りや刺激を取り入れるだけでも疲れが吹き飛びます。

とろとろのチーズ&玉ねぎがたまらない！

オニオンカレー グラタンスープ

材料

玉ねぎ…1個（200g）→ **薄切り**
塩…小さじ1/2
酒…大さじ2
しょうゆ…小さじ1/3
カレー粉…大さじ1
水…400㎖
バゲット…2切れ
シュレッドチーズ…50g
オリーブオイル…大さじ1
バター…20g
粗びき黒こしょう…適量

作り方

1 鍋（またはフライパン）にオリーブオイル、バターを入れて火にかけ、バターが溶けたら玉ねぎを加えて10分炒める。**塩**を加えてさらに5分ほど炒め、鍋底が焦げついてきたら酒を加え、焦げを取りながらあめ色になるまで炒める。

2 カレー粉を加えてさらに炒め、水としょうゆを加えて10分煮る。

3 耐熱容器に**2**を入れてバゲット、シュレッドチーズをのせ、きれいな焼き色がつくまでトースター（1000W）で10分ほど加熱する。仕上げに粗びき黒こしょうをふる。

豚肉と大根のルーロースープ

魯肉飯《ルーローハン》でおなじみ五香粉《ウーシャンフェン》の香りが豚肉とよく合う！
大根からはスープがジュワッとあふれ出します

材料

豚バラ肉（薄切り）…150g
→ **食べやすい大きさに切る**
大根…1/4本（250g）→ **2cmの角切り**
長ねぎ…1/2本 → **斜め薄切り**
にんにく…2かけ → **薄切り**
塩…小さじ1/2
酒…大さじ1
しょうゆ…小さじ2
水…500mℓ
五香粉…小さじ1/2
ごま油…大さじ1
粗びき黒こしょう…適量

作り方

1 鍋（またはフライパン）にごま油をひき、豚バラ肉、大根、長ねぎ、にんにくを入れて5分ほど炒める。
2 水、**塩**、酒、しょうゆを加え、煮立ったらふたをして弱火で10分煮込む。
3 五香粉を入れて味を調えたら器に盛り、粗びき黒こしょうをふる。

トマトとえびのチリスープ

チリパウダーの辛みがエビやトマトの甘みを引き立てる！
しょうがの隠し味で不思議とごはんによく合う洋風スープ

材料

えび（バナメイエビ）…10尾（120g）
　→ **殻をむいて背わたを取り、洗って水けをきる**

トマト（大）…1個 → **ざく切り**

にんにく…1かけ → **みじん切り**

しょうが…1かけ → **みじん切り**

塩…小さじ1/3

水…300mℓ

チリパウダー…小さじ1

ケチャップ…大さじ1

オリーブオイル…大さじ1

作り方

1 鍋にオリーブオイルをひき、にんにく、しょうがを入れて火にかけ、香りが立ったらえび、トマトを加えてえびの色が変わるまで炒める。

2 水、塩を加え、煮立ったらふたをして弱火で5分煮る。チリパウダー、ケチャップを加えて味を調え、器に盛る。

中華味に仕上げることが多い食材の
組み合わせですが、たっぷりの山椒を
使うと新鮮なおいしさ。
調理法はごくシンプルなので、
とろみをつけたり、春雨を加えたり、
アレンジしやすいスープです。

山椒のピリッとしびれる刺激が食欲をそそる！

鶏団子とチンゲン菜の山椒スープ

材料

A
- 鶏ももひき肉…150g
- しょうが…1かけ → みじん切り
- 塩…小さじ1/4
- 酒…小さじ1
- 片栗粉…小さじ1
- 粉山椒…小さじ1/4

チンゲン菜…1株(100g)
→ 根元を落として3cm幅に切る

塩…小さじ1/3
しょうゆ…小さじ1
水…600mℓ
ごま油…適量
粉山椒…適量

作り方

1 ボウルにAを入れてしっかりと混ぜる。

2 鍋に水、**塩**、しょうゆを入れて火にかけ、煮立ったら弱めの中火にして**1**を2本のスプーンで丸めながら加え(12個程度になるように)、5分ほど煮る。

3 チンゲン菜の茎を加えて1分煮て、さらに葉を加えて30秒煮たら器に盛る。ごま油をまわしかけ、粉山椒をふる。

鶏団子はスプーン2本で丸める、ビニール手袋を使う、などやりやすい方法で作ってOKです。

PART 4

アレンジ編②

＋《プラス》みそでコクを楽しむ
ほぼ塩だけスープ

乳製品や豆乳を使った塩だけスープは、みそと好相性。
「塩ミネストローネ」（20ページ）のように
塩だけでも十分おいしく作れますが、食材の組み合わせによっては
みそを使って味に奥行きを持たせることがあります。

鮭×バター×コーンの間違いないおいしさ！
ほんのり甘く、世代を問わず愛される味わいです

鮭とじゃがいもの みそバターコーン

みそのコクで濃厚な味わいに

乳製品や豆乳を使った塩だけスープに加えるみそは、コク出しのため。ただし少量しか使わないので、いわゆるみそ汁のようなみそ味ではなく、やっぱり味のベースは「塩」なのです。

材料

鮭（甘口）…2切れ → **1切れを3〜4等分に切る**
じゃがいも…1個（160g）→ **小さめの一口大に切る**
しいたけ…4個
　→ **笠は薄切りに、軸は石づきを切り落として手でさく**
コーン缶（水煮）…50g →**水けをきる**
塩…小さじ1/4
A　にんにく…1/2かけ → **すりおろす**
　　牛乳…200mℓ
　　水…250mℓ
みそ…大さじ1
バター…10g
オリーブオイル
　…大さじ1

作り方

1 鍋にオリーブオイルをひき、じゃがいも、しいたけを入れて1分30秒炒める。
2 塩とAを加えて煮立ったら、鮭、コーンを加えて3分煮る。
3 仕上げにみそ、バターを溶かし入れ、弱火で1分煮て、器に盛る。

ほんのり甘い味つけのおかずというのは、
ごはんにとてもよく合います。そこで調理に
砂糖やみりんを使ったりするのですが、
ここではとうもろこしの自然な甘みが大活躍。
みそとバターのコクもたまらない1品です。

レタスは生で食べることが多い野菜ですが、サッと加熱するとかさが減り、たくさん食べることができます。加熱してもシャキッとした食感とみずみずしさはそのまま。

甘酒の甘みを塩昆布の塩けとうまみで引き締めています。

くせになる甘じょっぱさは甘酒と塩昆布の相乗効果！

豆乳と甘酒のレタススープ

材料

レタス…1/2玉（150g）→大きめにちぎる

油揚げ…15g
→トースターできれいな焼き色がつくまで焼き、1cm幅の短冊切り

塩…ひとつまみ

豆乳（無調整）…300ml

こうじ甘酒（ストレートタイプ）…100mℓ ★

塩昆布…5g

みそ…小さじ2

作り方

1 鍋に豆乳、こうじ甘酒、塩、塩昆布、みそを加えて火にかける。

2 煮立つ直前にレタスを加えてさっと煮て器に盛り、油揚げをのせる。

レタス全量はけっこうなボリューム感。押し込みながら鍋へ。

レタスはサッと煮たいので、時々スープをかけて上からも加熱します。

★
砂糖よりやさしい甘みがあり、
豆乳の豆くささをやわらげてくれます。

スープはソース代わり!?　魚をいただくごちそうスープ

白身魚と白菜の塩バタースープ

材料

白身魚(鯛、たらなど)…2切れ

→食べやすい大きさに切り、塩ひとつまみ(分量外)をふって5分置き、表面の水分を拭き取る

白菜…1/8個(250g)→繊維を断ち切るように1cm幅に切る

塩…小さじ1/4

塩昆布…3g

みそ…大さじ1と1/3

水…400mℓ

オリーブオイル…小さじ2

バター…10g

作り方

1 フライパンにオリーブオイル、バターを入れて、白菜の茎、葉、白身魚の順にのせたらふたをして3分蒸し煮にする(写真ⓐ)。さっと混ぜてさらに2分煮込み、水、**塩**、塩昆布を加えてひと煮立ちさせる。

2 弱火にしてみそを溶かし入れて1分煮込み、器に盛る。

フライパン全体に白菜を敷き、その上に白身魚を並べて蒸し煮する。

スープのうまみは塩昆布の出汁が隠し味。バターにもよく合います。

バターとみその風味を効かせた、パンにもごはんにも合う一皿です。白身魚をいったん蒸し煮にすることでふっくら仕上がるだけでなく、うまみを閉じ込め、必要以上にスープに味が逃げないようにする効果もあります。

一般的な担々スープには練りごまと鶏ガラスープを使いますが、
どちらも使わずに濃厚な味に仕上げました。
最初に調味液を作っておくことで豆乳としっかりなじみ、
味にまとまりが出ます。麺を加えても絶品！

豆乳担々スープ

すりごま×ごま油で濃厚なごまの味わいを再現！
基本調味料だけで手軽に作れます

材料

豚ひき肉…100g
もやし…1袋
チンゲン菜…1株（100g）
　→ **縦半分に切る**
にんにく… 1かけ → **すりおろす**
しょうが…1かけ → **すりおろす**
塩…小さじ1/3
A　みそ…大さじ1と1/2
　　すりごま…大さじ3
　　砂糖…小さじ2
　　しょうゆ…小さじ1
水…50mℓ
豆板醤…小さじ2/3
豆乳（無調整）…350mℓ
ごま油…大さじ1
ラー油…適量

作り方

1 ボウルに塩とAを入れてしっかりと錬り、水を少しずつ加えて調味液を作る。
2 フライパンにごま油をひき、にんにく、しょうが、豆板醤を入れて火にかけ、香りが立ってきたら豚ひき肉を加えて色が変わるまで炒める。
3 もやし、チンゲン菜を加えて2分炒め、**1**の調味液、豆乳を加える。煮立ったら弱火にしてさらに3分煮る。器に盛り、ラー油をまわしかける。

豆板醤もみその仲間。そら豆、米麹、塩、唐辛子などが原料です。

ピリ辛なす豚スープ

なすと豚は鉄板のおいしい組み合わせ。
手でさいたなすの断面にスープがよく絡みます

材料

なす…1本(100g)_★

→ ヘタとガクを取り、ラップで包んで電子レンジで2分加熱する。
粗熱が取れたら半分の長さに切り、食べやすい大きさに手でさく

豚バラ肉(薄切り) …150g → 食べやすい大きさに切る

塩…小さじ1/3

A　みりん…大さじ1
　　水…500mℓ

豆板醤…小さじ1/2

みそ…大さじ1と1/2

ごま油…大さじ1

作り方

1 鍋にごま油をひき、豚バラ肉、豆板醤を入れて炒める。豚バラ肉の色が変わってきたら、なすを加えて香ばしい焼き色がつくまで炒める。

2 塩とAを加え、煮立ったらふたをして弱火で5分ほど煮る。みそを溶かし入れて、器に盛る。

★
なすとレンチンしてから加えるととろっとした食感がUP。手でさくことで味がからみやすくなります。

レンズ豆のプチプチとした食感が楽しい！
さまざまな食材のうまみが溶け出した絶品スープです

かぼちゃとレンズ豆の豆乳みそスープ

材料

かぼちゃ…小さめ1/8個（150g）→ 1cmの角切り
レンズ豆（皮あり）…40g ★
しいたけ…２個 → 1cmの角切り
ブロックベーコン…50g
→ 1cmの角切り、軸は1cm幅の輪切りにする。
塩…ひとつまみ　みそ…大さじ1/2
砂糖…小さじ1/2　豆乳（無調整）…200㎖
水… 200㎖
オリーブオイル…大さじ1

★
レンズ豆は皮つきがおすすめ。皮なしだと豆がスープに溶けてしまいドロドロになりがちです。

作り方

1 鍋にオリーブオイルをひき、かぼちゃ、しいたけ、ベーコンを入れて３分炒める。

2 水を加えて鍋底の焦げを取るようにしながら混ぜて、レンズ豆を加え、ふたをして弱火で10分煮込む。豆乳、塩、みそ、砂糖を加えてひと煮立ちしたら、器に盛る。

Column 4

スープは体や心を知るお守りになる

なんとなく体がだるい。

漠然とした不安を感じる。

日々の暮らしに追われてイライラしている。


これらは今を生きる多くの方が陥りやすい状況ではないでしょうか。そんな時は温かいものが体の中に入るだけで、ホッと心が落ち着き、忘れていた深呼吸を思い出せたりするものです。まるで湯たんぽを抱えて眠ると心が穏やかにほぐれていくように……。


「今日食べたいものがわからない」

そんな時は、少しの時間この本のページをペラペラとめくってみませんか？

「食べてみたい」とふと目に留まったスープに、今ご自身が抱えている体や心の状態が隠れていることがあります。

知らず知らずのうちに体は足りないものを補おうとして、それを〝食べたい〟と表現していることがあるのです。

たとえば「パワーが足りないな」という時はにんにくやお肉がゴロゴロ入ったスープが目に留まるかもしれません。スパイシーなスープを選んだなら、刺激的な味わいによって元気になりたいと思っているのかもしれません。

いずれにしても、その時に選んだものはすべて「正解」なのです。

食材をムダにしないように、家にある食材でうまく調理することも大事ですが、時には体の望むままに食事をすることも大切。

今日選んだスープは、昨日はまったく目に留まらなかったスープ、ということもよくあり、体っておもしろいなって思います。

SPECIAL

特別編

自分を甘やかす スイーツスープ

最後はちょっと趣向を変えて、おやつや朝食におすすめな甘〜いスープをご紹介。さわやかな香りとやさしい甘み……。体が喜ぶこと間違いなしです。

おやつや朝食に甘いスープを

食材を煮て味つけすれば、どんな食材もスープに早変わり。
形がくずれていたり、そのまま食べるには甘さが足りないフルーツも
スープなら有効活用することができます。

3種類の柑橘が奏でるさわやかな酸味に夢中。
温かくしても、冷やしても、おいしい“スイーツ”

柑橘のスープ

材料

オレンジ…1個
→ **薄皮を取って小房に分ける**

グレープフルーツ…1/2個
→ **薄皮を取って小房に分ける**

金柑…4個→ **種を取って薄い輪切り**

はちみつ…大さじ2

水…200㎖

塩…少々

作り方

鍋に水、オレンジ、グレープフルーツ、金柑を入れて火にかけ、煮立ったら弱火にして5分煮る。はちみつと**塩**を加えて味を調え、器に盛る。

柑橘類はいくつか種類を組み合わせることで奥深い味に。
金柑は皮ごと食べられる便利な食材、
ほかにははっさくやネーブルなどもおすすめです。
あまり煮込まず、サッと加熱するのがポイント。
さわやかな酸味をキープしましょう。

市販の焼きいもを使ってお手軽に。石焼きでじっくり甘みを
引き出しているので砂糖は不要。さつまいもの甘みだけで仕上げました

焼きいもと黒ごまのスープ

材料

焼きいも…120g → **皮をむいて一口大に割る**
塩…ふたつまみ
黒すりごま…小さじ1と1/2
豆乳(無調整）…300mℓ
アーモンド(お好みで）…適量 → **砕く**

作り方

容器に焼きいもを入れ、豆乳、**塩**、黒すりごまを加えてハンドブレンダーでなめらかになるまで撹拌する。器に盛り、お好みでアーモンドをふる。

甘酒のやさしい甘みを加えることで、驚くほど濃厚なトマトスイーツに大変身。飲むと元気が出ます！

トマトと甘酒のスープ

材料

トマトジュース（食塩無添加）…200mℓ
こうじ甘酒（ストレートタイプ）…50mℓ
塩…少々

作り方

1. ボウルにトマトジュース、こうじ甘酒、**塩**を入れてしっかりと混ぜる。
2. 器に盛り、オリーブオイル（分量外）をたらす。

赤ワインといちごの、ビジュアルにもときめく大人のデザート。
ヨーグルトやアイスクリームにかけてもおいしい！

いちごのスープ

材料

いちご…300g
→しっかり洗いヘタを取る
水…100mℓ
赤ワイン…100mℓ
はちみつ…大さじ2
塩…少々

作り方

1 鍋に水、赤ワイン、はちみつ、塩を入れて火にかけ、煮立ったら弱火でさらに5分ほど煮てアルコールをとばしたら火を止める。

2 いちごを加えてハンドブレンダーでなめらかになるまで撹拌し、冷蔵庫で30分以上冷やす。

3 器に盛り、食べやすい大きさにカットしたいちご(分量外)をトッピングする。

いつものぜんざいにココアを加えたちょっぴりビターな味わい。
水の代わりに牛乳や豆乳で作ると、まろやかな味に仕上がります

小豆とココアのぜんざい風

材料

ゆで小豆（砂糖不使用）…150g
純ココア（パウダー）…大さじ2
塩…少々
砂糖…大さじ2〜3
水…300mℓ
切り餅（小）…4切れ → **きれいな焼き色がつくまでトースターで焼く**

作り方

1 鍋にゆで小豆、水、塩、砂糖を入れて火にかけ、煮立ったら純ココアを加えてしっかりと混ぜる。

2 器に盛り、切り餅をのせる。

おわりに

大学を卒業し、就職して少し経った時のこと。当時私は、航空会社の客室乗務員として、国内線と国際線に乗務していました。

特に国際線に乗務するようになってから、なにげなく習慣にしていたことがあります。それは自宅に帰ったらマグカップで即席の出汁を作ること。とても大雑把なもので、大きめのマグカップにかつお節をたっぷり入れて、そこに熱湯を注ぎ、塩を加えてくるりと混ぜるだけ。かつお節がゆっくり沈むのを待ったらできあがりです。

温かくてやさしい味わいの出汁をちびちびと飲みながら、深呼吸。時差や食事の変化に疲れてしまったり、風邪をひきやすいと感じたり、緊張で体が凝り固まってしまっている時、この小さな儀式は体と心を癒す大切な時間でした。

かつお節を入れっぱなしの大胆な出汁でしたが、最後に少し加える塩が、出汁の風味をよりくっきりと引き立ててくれているように感じていました。

疲れていても、料理をするのがしんどいなと思う日でも、私が日々の食事で積極的にスープを取り入れるようになったベースはここにあります。

スープは万能な料理です。加える具材によってはメインディッシュにもなり、1皿で十分お腹を満たすことができます。

少し食卓がさびしい時には、簡単なスープで1品補うこともできます。

温かいスープはじんわりゆっくり体を芯から温めてくれて、冷たいスープはクールダウンすることもできる。

そんな万能なスープをシンプルな味つけでおいしく食べることができたら、日々の料理に対する悩みや負担を大きく減らしてくれるでしょう。

忙しくて料理を作る余裕がないこともあると思います。ですがそんな時ほど、じつは体は手作りのごはんを求めていることがあります。

そんな矛盾を擦り合わせるために大切なのは、使う材料も作り方も、とにかくシンプル・簡単で、「これなら作れるかも」と思えるようなレシピであることではないでしょうか。

「塩だけスープ」はそんな理想をカタチにしたものです。みなさんの暮らしに溶け込むスープを、本書でたくさんお届けできたのなら、これほど幸せなことはありません。

西岡麻央

西岡麻央（にしおか・まお）

野菜の料理家。
大学卒業後、大手航空会社で客室乗務員として4年間勤務。国内線・国際線ともに担当するも、不規則な生活リズムと食生活により体調を崩しがちに。「休みの日に食で体を整えたい」と通いつめた料理教室で、食べ物が心と体に与える影響力を実感し、料理の道を志す。
航空会社退社後は料理研究家の井上絵美氏に師事し、エコールエミーズ・プロフェッショナルコースにてディプロマを取得。その後は中医学の世界にも興味を持ち、国際中医薬膳師の資格も取得。
『キユーピー3分クッキング』『世界一受けたい授業』（ともに日本テレビ系）に出演するほか、メニュー監修をはじめ、レシピ開発、フードスタイリングなど多岐にわたり活動中。

Instagram：@maotomat
公式ホームページ：https://www.mao-nishioka.com
（2025年3月現在）

手間《てま》も、材料《ざいりょう》も必要《ひつよう》最小限《さいしょうげん》。なのに驚《おどろ》くほどおいしい！

塩《しお》だけスープ

2025年　4月　1日　初版発行

著　　／西岡《にしおか》　麻央《まお》
発行者／山下　直久
発　行／株式会社KADOKAWA
〒102-8177　東京都千代田区富士見2-13-3
Tel.0570-002-301（ナビダイヤル）
印刷所／大日本印刷株式会社
製本所／大日本印刷株式会社

●お問い合わせ
https://www.kadokawa.co.jp/（「お問い合わせ」へお進みください）
※内容によっては、お答えできない場合があります。
※サポートは日本国内のみとさせていただきます。
※Japanese text only

定価はカバーに表示してあります。

ISBN 978-4-04-607430-0　C0077